curiosidad por

LOS GRIFOS

POR GINA KAMMER

AMICUS LEARNING

¿Qué te causa

curiosidad?

3

CAPÍTULO TRES

Encontrar los grifos

Curious About está publicado por
Amicus Learning, un sello de Amicus
P.O. Box 227
Mankato, MN 56002
www.amicuspublishing.us

Editora: Ana Brauer
Diseñadora de la serie: Kathleen Petelinsek
Diseñadora del libro: Kim Pfeffer
Investigadoras fotográficas: Katelynn Hope y Kim Pfeffer

Library of Congress Cataloging-in-Publication Data
Names: Kammer, Gina, author.
Title: Curiosidad por los grifos / by Gina Kammer.
Other titles: Curious about griffins. Spanish
Description: Mankato, MN : Amicus Learning, an imprint of Amicus, [2025] | Series: Curiosidad por las criaturas míticas | Translation of: Curious about griffins. | Audience: Ages 6–9 | Audience: Grades 2–3 | Summary: "What do griffins look like? Learn the Greek mythology concerning griffins in this Spanish question-and-answer book for elementary readers. Translated into North American Spanish. Includes infographics, table of contents, glossary, and index"— Provided by publisher.
Identifiers: LCCN 2024025018 (print) | LCCN 2024025019 (ebook) | ISBN 9798892003285 (library binding) | ISBN 9798892003346 (paperback) | ISBN 9798892003407 (ebook)
Subjects: LCSH: Griffins–Miscellanea–Juvenile literature.
Classification: LCC BL325.G7 K3618 2025 (print) | LCC BL325.G7 (ebook) | DDC 398.24/54—dc23/eng20240609

Créditos de las fotografías: Adobe Stock/Dianne, 5, Hungarian, portada, Superhero Woozie, 14–15; Freepik/brain71, 13, Pikaso, 10-11, 16-17, 19, studioworkstock, 8, wirestock, 13; Shutterstock/Dominique de La Croix, 13, Sarunyu L, 20-21; Wikimedia Commons/Dominio Público, 4, Wenceslaus Hollar, 7

Impreso en China

CAPÍTULO UNO

¿Qué son los grifos?

Los grifos aparecen en el arte desde hace miles de años.

¡Los guardianes del oro! Estas criaturas legendarias son en parte águila y en parte león. Son **protectores**. Pero también castigan a los que roban. En el arte griego, tiran de los **carros** de los dioses. A veces, los dioses los montan. A los grifos también se llaman los "sabuesos de Zeus". Zeus es el rey de los dioses griegos.

Los leones son los reyes de la jungla, y las águilas, los reyes del cielo. Esto hace que los grifos sean especialmente poderosos.

¿Qué aspecto tienen los grifos?

Los grifos tienen cuerpo de león. Tienen cabeza, alas y garras de águila. Son un poco más grandes que un caballo. Los griegos creían que en India había otro tipo de grifo más pequeño, como un lobo. Tienen plumas negras, rojas y azules. Sus alas son blancas.

Los grifos griegos son los más comunes en el arte moderno e historias.

DIFERENTES TIPOS DE GRIFOS

¿Son reales los grifos?

En los mitos, los grifos simbolizan la fuerza y el valor.

No es probable. Pero algunas personas creían que podían ser reales. Las imágenes se remontan al menos 3.500 años. La gente contaba historias sobre los grifos mucho antes de escribirlas. Irán, Egipto y Grecia tienen leyendas antiguas sobre los grifos. Pero ninguno tiene **pruebas** de que sean reales.

Los grifos aparecen en diferentes mitos e historias de todo el mundo.

Los grifos son fieros protectores.

¿Qué les gusta hacer a los grifos?

Proteger su oro y sus huevos. Hacen nidos con oro. Les gustan las cosas brillantes. No intentes robarles. No les gusta la gente que intenta robarles el oro. Además, tienen miedo de que hagas daño a sus polluelos. Entonces les gusta atacar con sus garras y picos afilados.

¿Qué habilidades tienen los grifos?

¡Poderes de guardián! Los grifos pueden proteger a las personas y el oro. Son fuertes y tienen garras poderosas. Los grifos pueden luchar contra el **mal** o la magia oscura. Son valientes e inteligentes. Incluso sus garras y huevos pueden ser mágicos. La gente los utilizaba en **medicina** y como copas. Pensaban que les protegerían del **veneno**.

Las leyendas dicen que los grifos tienen una gran vista. Pueden ver el oro desde muy lejos.

HUEVOS Y GARRAS DEL GRIFO

La gente de la edad Media creía haber encontrado garras y huevos de grifo de verdad. Pero eran cuernos de cabra y huevos de avestruz.

En los cuentos, usualmente los grifos se mantienen alejados de los humanos. Pero pueden proteger a un humano digno de confianza.

¿Son simpáticos los grifos?

Puede que sí. Tal vez no. La mayoría de los grifos son salvajes. Luchan para protegerse. Y pueden vencer tanto a elefantes como a dragones en una pelea. Los grifos odian a los caballos. En los mitos griegos, los jinetes tuertos intentaban robarles el oro. Pero algunos grifos sirven a reyes y dioses. Los grifos los protegen y luchan por ellos.

CAPÍTULO TRES

¿Dónde viven los grifos?

En los mitos, la mayoría de los grifos se encuentran en el noreste de Europa y Asia central. Viven en grupos. Los grifos anidan en las montañas cercanas al oro. Viven alejados de la gente. Algunos pueden vivir en praderas llanas. Hacen sus nidos en el suelo.

En los mitos, los grifos son muy protectores de sus huevos y del oro.

¿Podría yo volar en un grifo?

¿Tú eres un rey? ¿O un dios? Entonces, ¡tal vez! Pero si no, no lo intentes. ¡Un grifo podría atacarte! O puede que no te lleve. Un grifo tiene garras fuertes. Pero sus alas no son tan poderosas. Normalmente camina. Pero un grifo puede volar durante poco tiempo. Vuela rápido.

comparando distancia de vuelo

Águila dorada: 201,17 kilómetros (125 millas)

Grifo: 32,19 kilómetros (20 millas)

Pavo: 0,08 kilómetros (0,05 millas)

Aunque el grifo tiene las alas de un águila, probablemente vuela más como un pavo con su cuerpo más grande. Vuela rápido, pero sólo para distancias cortas.

Los grifos pueden volar a gran altura y velocidad. Un humano tendría que agarrarse fuerte para montar en uno.

¿Qué otra cosa podría ser un grifo?

Los huesos del Protoceratops parecen haber pertenecido a un grifo.

¡Podrían ser huesos de dinosaurio! Unos comerciantes los encontraron en el desierto de Gobi. El cráneo de un dinosaurio parece un pájaro con pico. Estos huesos estaban cerca del oro. Así que tal vez la gente contaba historias para explicar. O tal vez a la gente le gustaba imaginar nuevas criaturas. Mezclaban animales, ¡igual que hoy!

HAZ MÁS PREGUNTAS

¿Qué historias ha contado la gente sobre los grifos?

¿Qué puedo averiguar a partir de fotos antiguas de grifos?

Prueba con una GRAN PREGUNTA:
¿Dónde puedo ver grifos hoy en día?

BUSCA LAS RESPUESTAS

Busca en el catálogo de la biblioteca o en el internet.
Pueden ayudarte tus padres, un bibliotecario o un maestro.

Usar palabras clave
Busca la lupa.

Las palabras clave son las palabras más importantes en tu pregunta.

Si quieres saber sobre:

- historias de los grifos, escribe: MITOS DEL GRIFO
- grifos en imágenes, escribe: GRIFOS EN EL ARTE ANTIGUO

GLOSARIO

carro Carruaje de dos ruedas tirado normalmente por caballos.

mal Algo o alguien malo o cruel; que quiere hacer daño a los demás.

medicina Algo que se usa para curar o tratar enfermedades o dolores.

protector Alguien que mantiene a salvo a alguien o algo.

prueba Hechos o evidencia que demuestran que algo es cierto.

veneno Algo que puede matar o hacer daño a personas o animales cuando lo ingieren.

ÍNDICE

Acerca de la autora

Gina Kammer creció escribiendo e ilustrando sus propias historias. Ahora enseña a otros a escribir historias en inkybookwyrm.com. Le gusta leer literatura fantástica y medieval. También le gusta viajar, pintar al óleo, el tiro con arco y acurrucar a su conejito gruñón. Vive en Minnesota.